Ulrich Schaffer

Wesentlich werden

HERDER spektrum

Band 5043

Das Buch

Wir leben in einer Welt der Ablenkung: Da sind Bilder, Informationen, Begegnungen, Medien, Trends, „Events" und Höhepunkte. Sich auf das Wesentliche zu konzentrieren, wird zur Kunst. Zu wissen, worauf es ankommt, zur Lebensweisheit. Beim Arbeiten, in Beziehungen, für sich selbst das Wesentliche zu entdecken, bedeutet, Intensität und Lebendigkeit gewinnen. Kämpfen, träumen, staunen; erschütterbar bleiben, empfindsam sein: aber nicht verzweifeln. Wer auf sich selbst achtet und auf den anderen, ermöglicht wirkliche Begegnungen. Wer sich lieber beschränkt, als sich zu zerstreuen, wird erleben, daß es nicht auf Quantität ankommt, sondern auf Qualität. Daß das Leben zu kostbar ist, um sich zu verzetteln. Schöner ist es, weniges zu genießen, als alles haben zu müssen.

Es ist nicht der leichtere Weg, zu dem Ulrich Schaffer einlädt, aber der tiefere. Nicht der schnellere, aber der schönere. Den Weg zum Eigentlichen kann jeder für sich finden – die Texte und Meditationen von Ullrich Schaffer sind Schritte dahin.

Ein Buch, das zu Atem kommen läßt und zur neuen Konzentration verhilft auf das, worauf es ankommt.

Der Autor

Ulrich Schaffer wurde 1942 in Pommern geboren. Die Familie floh von dort und lebte bis 1953 in Bremen. Seine Jugend verbrachte Ulrich Schaffer im Norden von British Columbia, wohin die Familie ausgewandert war. In den Jahren 1961 bis 1970 studierte er Germanistik und Anglistik an der University of British Columbia und an der Universität Hamburg. 1970 bis 1981 war er Dozent für europäische Literatur an einem College in Vancouver. Seit 1981 ist er freischaffender Schriftsteller und Fotograf. Lesereisen führen ihn zweimal im Jahr nach Europa, wo er Kontakt mit seinem Publikum hält.

Ulrich Schaffer

Wesentlich werden

Mit Pinsel- und Schriftgrafiken des Autors

Herder

Freiburg · Basel · Wien

Gedruckt auf umweltfreundlichem,
chlorfrei gebleichtem Papier

Alle Rechte vorbehalten – Printed in Germany
© Verlag Herder Freiburg im Breisgau 2000
Alle Texte und Schriftgraphiken: Ulrich Schaffer
Herstellung: Freiburger Graphische Betriebe 2000
Umschlaggestaltung und Konzeption:
R·M·E München / Roland Eschlbeck und Liana Tuchel
Umschlagmotiv: © Hartmut W. Schmidt-Fotografie
ISBN 3-451-05043-9

Wesentlich werden

Viele von uns erleben, dass wir uns verzetteln, verausgaben und verlieren in unserer Welt. Wir kommen nicht an die wirklich wichtigen Dinge, weil das Unwichtige uns so belegt, dass uns keine Energie und Zeit mehr übrig bleiben für das, was wir tief in uns als wichtig erkannt haben. Manchmal wirkt es so, als wären wir nur Zuschauer unseres eigenen Lebens. Es scheint uns aus der Hand genommen zu sein. Oder haben wir es aus der Hand gegeben?

Da ist es Zeit, wesentlich zu werden, das Unwesentliche loszulassen. Das, was so wichtig erscheint, was meistens sogar dringlich zu sein scheint, ist oft nicht wesentlich. Was wesentlich ist, ist auf lange Sicht wesentlich. Es geht um das Wesen. Wie wollen wir sein, wie soll unser Sein aussehen?

Ich möchte mit diesen Texten die Leserin und den Leser ermuntern, nach innen zu gehen, weil wir dort hören können, was für uns wesentlich ist. Es geht nicht darum, hier etwas mehr zu tun und da etwas weniger, sondern es geht um das Leben von innen anstatt von außen. Wir gesunden nicht an der Veränderung gewisser Tätigkeiten, sondern an dem Kontakt mit uns selbst und der Wertschätzung unseres Wesens. Es ist eine Übung, diese innere Stimme wieder zu hören, aber sie ist da, und wenn wir den Mut haben, auf sie zu hören, dann wird sie sich wieder lauter und deutlicher in unserem Leben melden. So finden wir den Weg zurück zum Wesentlichen.

Die meisten dieser Texte sind in der kleinen illustrierten

Geschenkbandserie im Groh Verlag erschienen; weil sie in dem Verlag vergriffen waren und nicht wieder neu aufgelegt wurden, freue ich mich, sie in dieser Gestalt noch einmal vorlegen zu können. Ich habe einige gestrichen, andere überarbeitet – ich habe allen einen Titel gegeben und sie an manchen Stellen gestrafft und an anderen Stellen erweitert, um noch mehr von dem, was mir wichtig ist, deutlich werden zu lassen. Ich hoffe, dass die Texte meinen Leserinnen und Lesern einen neuen Zugang zu dem verschaffen, was für sie wesentlich ist.

Ich glaube, dass unser bewusstes Staunen, Leiden, Kämpfen und Träumen in den verschiedenen Bereichen unseres Lebens seine Wirkung haben wird. Es wird unsere Beziehung zu uns selbst, zu Gott und zu der Welt um uns färben. Die letzten Texte in jedem Kapitel wenden sich unseren Beziehungen zu. Auch da werden die erwähnten Haltungen uns in eine neue Tiefe und in eine größere Fülle führen.

Ich sehe in den folgenden Seiten die Einladung zu einem Weg. Aber wichtig ist, dass jeder, der diese Gedanken liest, sie im eigenen Leben umsetzt und ihnen einen persönlichen Charakter verleiht. Sonst bleiben es nur Worte.

ulrich schaffer

Gibsons, British Columbia
im September 2000

Werden, was wir sind

Wenn wir uns nicht gefangen nehmen lassen
von dem, was uns ablenkt und zerstreut,
was uns nur streift,
was uns fremd ist
und als Versuchung zuwinkt,

sondern uns besinnen
auf unseren Kern,
auf den Kontinent,
den es in uns zu entdecken gibt,
dann wird deutlich, was wir wollen,
was unser Wesen blühen lässt
und ihm seinen Ausdruck erlaubt.
Dann spüren wir,
was in uns angelegt ist,
wie eine Gestalt,
wie ein Weg,
wie ein Gebet, das erhört werden will.

Dann finden wir Mut zum Leben,
zum eigenen Leben.
Dann wird aus uns,
was wir im Tiefsten sind.

STAUNEN

und das Wunder des Lebens entdecken

Staunen
und das Wunder des Lebens entdecken

Es gibt viele negative Kräfte in unserer Welt. Wir sind umgeben von Hoffnungslosigkeit. Um sich zu schützen, haben viele sich verschlossen. Sie sind unaufmerksam geworden, haben das Staunen verlernt und werden dadurch immer ärmer.

Zum Staunen braucht man Zeit und Ruhe – eine innere Aufnahmebereitschaft. Das Staunen kann man lernen. Es ist mit unserer Beobachtungsgabe verbunden. In jedem Moment unseres Lebens passiert etwas: entweder um uns oder in uns. Um wieder staunen zu können, wie wir es als Kinder einmal konnten, müssen wir lernen, die Dinge, die wir sonst einfach übersehen, wieder wahrzunehmen. Die Welt um uns und in uns wartet darauf, dass wir sie sehen und schätzen lernen.

Um dann das Wahrgenommene zu einer Wirklichkeit in uns werden zu lassen, müssen wir es artikulieren und gestalten, sonst geht es wieder sehr schnell unter in der Hektik unseres Lebens. Wir können es aufschreiben, malen, tanzen, singen oder einander sagen. Es wird uns lebendig halten und unser Leben reich machen.

Noch staunen zu können, scheint mir wie der Anfang zu einem neuen Leben. Im Staunen werden wir wieder wesentlich. Im echten Staunen kehren wir uns dem Wesen zu, nicht dem Schein. Über das Staunen sind wir verbunden mit dem Leben, mit all dem, was wir noch lernen können.

Muster

Ich staune über die unzähligen Muster,
die auf diesem Planeten zu finden sind.
Keines gleicht dem anderen.
Jedes Ding hat seine eigene Farbe,
Form, Größe, Struktur und Ausstrahlung.

Ich staune
über die verschwenderische Vielfalt,
mit der die Natur sich
von Tag zu Tag erneuert.
Die genaue Wiederholung
ist allem Lebendigen fremd.

Ich staune,
dass ich mich selbst
von Jahr zu Jahr besser kennen lerne,
als wäre ich ein unerforschtes Land,
und begreife langsam,
dass ich es bin.

Diese unzerstörbare Energie

Ich staune
über die schöpferische Kraft des Menschen,
aus jeder unmöglichen Situation
doch noch etwas machen zu wollen.
Nicht aufzugeben,
den tiefinneren Energien nachzugehen,
sie zu mobilisieren und einzusetzen.

Es ist der Wille, wirklich zu leben,
lebendig zu sein gegen alle Todesorakel.
Gegen die lähmenden Unmöglichkeiten
und die bedrückende Hilflosigkeit,
gegen die Statistiken anzuhoffen
und Wege ins lebenswerte Leben zu finden.

In uns steckt
eine nahezu unzerstörbare Energie
und ein Glaube, dass das Unmögliche
möglich zu machen ist.
In den Fluss dieser Kraft
müssen wir uns wieder stellen.

Verlust

Ich staune
über die verwandelnde Kraft des Verlustes.
Dass ich etwas verloren habe,
öffnet mir neue Möglichkeiten.
Was ich nicht mehr habe,
macht mich frei.
Auch meine Enttäuschungen
haben mich zu dem Menschen gemacht,
der ich jetzt bin.
Im Verlust sind Flügel versteckt.

Ohne den Verlust
hätte ich nicht die Tiefe,
würde weniger einfühlsam sein
und die Not anderer nicht erfassen.

Das habe ich zwar im Kopf gewusst,
aber mit meinem Leben
habe ich es nicht geglaubt.
Jetzt ist es Zeit dafür.

Verlust verwandelt uns. Wir entscheiden, ob zum Leben oder zum Tod.

Schreien, beten, schweigen

Ich staune über den Menschen,
der nicht müde wird,
über Gott nachzudenken.
Der schreit, betet, singt,
dichtet und schweigt,
um Gott zu erfassen.

Dessen Sehnsucht nach dem Unsichtbaren
eine Leidenschaft ist,
die ihn heimsucht,
weil er mit seinem ganzen Wunsch
nach Hause will,
nach Hause in den Sinn
und in die Bedeutung
seines und allen Lebens.

Bin ich noch der, der ich war?

Ich staune über die Veränderung
in meinem Leben.
Bin ich noch der, der ich war?
Ich lerne loszulassen und weiter zu werden,
das genaue Wissen abzugeben
und das Ahnen zu üben.

Manchmal staune ich darüber,
was ich einmal geglaubt habe
und wie ich gelebt habe,
voller Überzeugung und Sicherheit.
Wenn das von mir abfällt,
wer bin ich dann?
Gibt es einen Kern in mir,
der gleich bleibt?
Oder bin ich der, der ich ständig werde?

Ich staune über meine veränderte Form
und begreife tiefer und tiefer,
dass ich nicht statisch bin,
dass kein Mensch stillstehen muss.
Wachstum ist eine Frage der Entscheidung.

Erfülltes Tun

Ich staune
über das Durchhaltevermögen des Arbeiters,
der nur einen kleinen Teil
des großen Projektes ausführt
und doch sein Werkzeug nicht hinwirft
und davonläuft.
Auch ich habe Gewinn
von seiner Arbeit.

Zwar braucht er das Geld,
doch er will auch
seinen Beitrag leisten
für die Gesellschaft,
in der er gebraucht wird.

Vielleicht kann er
ein positives Verhältnis
zu seiner Arbeit gewinnen
und später mit einem kleinen Stolz sagen:
An diesem Projekt war ich beteiligt,
die Steine habe ich gelegt,
für diese Wand Beton gemischt.
Ich war dabei.

Echtes Staunen
schafft zugleich
freundliche Nähe
und Abstand, der würdigt.
So wird weder das eine
noch das andere
zu wichtig.

Die Welt wird weiter

Ich staune über die Freiheit,
die mir Gott gibt.
Erst dann merke ich,
dass ich geglaubt habe,
dass Gott nicht wollte, dass ich frei bin.
Wieder einmal geht mir auf,
wie mein Bild von Gott
Erweiterung braucht.

Ich bin frei,
zu tun und zu lassen,
was ich will.
Aber dabei lerne ich mehr und mehr,
dass auch diese Freiheit
eine Gratwanderung ist,
weil ich nicht mehr tun will,
was Leben zerstört.
Weder meins noch deins.

Ich stoße das Tor auf
und betrete den größeren Raum.

Etwas wagen

Ich staune über die Waghalsigkeit
des Kletterers,
der sich in den Spalten
einer senkrechten Wand emporarbeitet.
Ich entdecke darin
seinen Wunsch, wirklich lebendig zu sein
und nicht farblos und unbeweglich,
nicht im Sessel zu Hause
das Leben zu verpassen.

Auch ich will wieder klettern,
mich der Gefahr aussetzen,
das Risiko eingehen,
Neuland betreten,
dabei das Staunen wieder lernen
und das Leben in seiner Dichte spüren.

An den Grenzen
leben wir besonders intensiv,
auch an den Denkgrenzen.

Immer wieder der rote Faden

Ich staune über den roten Faden
in meinem Leben,
über die Kontinuität und Fortsetzung,
an die ich mich halten kann.
Nicht der Zufall regiert,
sondern aus einer tiefen Weisheit
entwickeln sich die Lebensformen.

Rückblickend staune ich
über die Vorbereitung von Ereignissen,
ihre Einfädelung durch Umstände,
die mir unwichtig erschienen.
Was endlich bewusst wird,
hat eine lange Vorgeschichte.

Ob ich das so sehe,
ist eine Frage der Einstellung.
Ob ich achtlos daran vorbeigehe
und blind für die stillen Zusammenhänge bin,
entscheide ich.

**Im Staunen
entstehen wir
als Gegenüber
des Bestaunten.
Was wir ehren,
gibt uns Gestalt.**

Ich staune über deine Hoffnung

Ich staune über deine Hoffnung,
die du sogar
in der hoffnungslosen Situation
nicht loslässt.

Du lässt dich nicht
von der Wirklichkeit verführen,
klein zu denken.

Du bleibst frei
zu entscheiden,
wie du auf das Dunkel der Welt
reagieren wirst.

Diese Hoffnung
ist deine ungeheure Kraft.
Durch sie verwandelst du die Welt.
Mein Staunen darüber
ist der Anfang, auch so zu leben.

Wesentlich ist, was unser Wesen angeht.

Das Glück des Liebespaares

Ich staune über das absolute Glück
des selbstvergessenen Liebespaares.
Wenn sie einander haben,
scheint ihnen nichts mehr zu fehlen.
Unbenutzt liegt die Welt um sie herum.

Im leichten Grün des Frühlings
verneigen sie sich voreinander
und werden nicht müde,
immer Neues zu entdecken,
was sie aneinander lieben können.

Ich staune über ihre Fähigkeit
zu vergessen
und konzentriert zu sein auf das eine,
was sie ganz beseelt und beglückt:
ihre Liebe.

Deine einmalige Sicht

Ich staune
über die Differenziertheit deiner Gedanken.
Ich meine, schon alles überlegt
und die Sache von allen Seiten gesehen zu haben,
doch du findest wieder einen neuen Ansatz,
einen neuen Weg, dieses und jenes
zu sehen und zu verarbeiten.

Für mich ist es eine Überraschung,
manchmal auch eine Bedrohung,
weil ich nicht weiß,
woher diese andere Sicht kommt.
Es kann mich unsicher machen,
weil ich meinte, dich zu kennen
und du meinem Verständnis entwischst
und so ganz anders bist.
Oder es kann mich beglücken,
weil mir durch dich
eine neue Welt aufgeht.

Ich wähle nicht die Angst,
sondern das Glück der Erweiterung.

Im Staunen entstehe ich

Ich staune,
wie erfinderisch du bist,
mir immer wieder neu
deine Zuneigung zu zeigen.

Ich staune,
wie du vor Gedanken sprühst,
die dein und mein Leben öffnen
und bereichern.

Ich staune,
dass du dir Zeit für uns nimmst
und nicht zufrieden bist,
wenn alles nur seinen Gang geht.

Ich staune,
wie bewusst du wahrnimmst,
wo ich innerlich stehe,
und wie du dich zu mir stellst.

Ich staune,
dass du wünschst,
gerade durch unsere Beziehung
an die Geheimnisse des Lebens zu stoßen.

Echtes Staunen ist Danken.

Zarte Töne lockst du hervor

Ich staune,
wie du auf dem Instrument meiner Seele
spielen kannst.
Zarte, mir unbekannte Töne
lockst du hervor.
Ich erlebe mich neu
und anders, als ich mich kenne.

Durch deine Zuwendung
fasse ich Mut,
sogar meine Verwundungen
berühren zu lassen.
Ich schrecke nicht zurück
und vertraue dir.

Ich staune
über die Zartheit
mit der du vorgehst,
als würdest du mich besser kennen,
als ich selbst mich kenne.
Deine Nähe ist eine Wohltat,
in der ich aufblühe.

In mir ruhen

Ich staune,
wie frei du von mir bist,
während ich manchmal an dir klebe
und mich abhängig von dir mache.

Ich staune,
dass du auch ohne mich
glücklich sein kannst,
weil du reich in dir selbst bist.

Dann erinnere ich mich,
dass ich immer dann
am frohesten mit dir war,
wenn ich in mir ruhte.

Mehr als vergeben

Ich staune über unsere Bereitwilligkeit,
einander immer wieder zu vergeben,
zu vergessen und neu zu beginnen,
fast als wüssten wir nicht,
dass wir einander immer wieder verletzen können.

Doch wir wissen es
und vergeben und lieben trotzdem,
weil wir begriffen haben,
dass Schmerzen unvermeidbar sind,
wenn wir nicht gleichgültig
füreinander werden wollen.

Und ohne Zuwendung
lohnt sich das Leben nicht.

Nichts besonderes, und doch...

Ich staune über die Alltäglichkeit
unserer Liebe.
Du in deinem verwaschenen Sweatshirt,
ich in meinen abgetragenen Cordhosen;
ich, in der Küche stehend,
mit einem Brot in der Hand,
du mit einem Glas Milch.
Wir beide, wenig zauberhaft
und so ganz normal.

Und doch begegnet uns gerade
im Alltäglichen das Zeitlose.
In den bekannten Formen
liegt das Ewige der Liebe versteckt.

Es zeigt sich uns,
wie wir es begreifen können:
in der Gestalt dieses Topfes,
in dem unsere gemeinsame Mahlzeit kocht,
in der Reise, die wir planen,
in dem Zettel, den du mir hinterlässt,
und in dem Wort,
das unendliche Möglichkeiten andeutet.

Bleib dir treu

Ich staune,
dass du mich noch ertragen kannst,
auch wenn ich so besserwisserisch bin,
wenn ich kleinlich mit dir streite
und versuche, dir Schuld zuzuweisen.

Ich staune,
dass du dir treu bleibst
und nicht genauso kleinlich antwortest.
Dass du deine Würde nicht verlierst
und meine Not siehst,
auch wenn ich sie verstecke.

Ich schmelze
und werde wieder
zu meinem anderen Ich.

Ich will mir das Staunen erhalten

Ich staune über deine Sehnsucht
nach lebendigem Leben.
Du hörst nicht auf zu suchen.
Du bist mir ein Zeichen.
Du hast entschieden,
aus deinem Leben
etwas Lebenswertes zu machen.

Ich will mir das Staunen erhalten.
Solange ich noch staunen kann,
werde ich nicht aufhören zu wachsen.
Ich werde mich Neuem öffnen
und tieferen Einblick gewinnen
in die Zusammenhänge der Welt
und meinen Platz in ihr.

Ich will mich von den Dingen und Wesen,
von den Situationen und dem Geschehen
berühren lassen und staunen.
Ich werde mich nicht gewöhnen,
nicht abstumpfen.
Ich werde mich darin üben,
das Selbstverständliche
noch als Wunder wahrzunehmen.

Verletzbar und stark

Ich staune über deinen Mut
zur Verletzbarkeit.
Du versteckst dich nicht,
sondern stehst dazu,
dass du etwas wünschst und hoffst.

Ich staune darüber,
dass du deine Angst zugibst
und sie so überwindest
oder mit ihr zu leben lernst.

Vielleicht bist du darum so gegenwärtig,
so ganz hier.
Du bist stark und doch zerbrechlich.
Du bist entschieden und doch weich.

Denen,
die
staunen
können,
ist
die
Welt
nicht
gleichgültig.

Du meinst mich

Ich staune,
dass ich gemeint bin
mit deiner Liebe.
Ich hatte die Hoffnung aufgegeben,
von jemand so angesprochen zu werden.
Jetzt wählst du mich
und sagst mir,
dass ich dir nicht gleichgültig bin.

Staunend erlebe
ich mich selbst anders
durch deine Wahl.
Ich lerne mich neu schätzen.
Ich sehe meinen Wert und Beitrag,
wenn ich mich mit deinen Augen ansehe.

Unsere Leichtigkeit

Ich staune
über die Leichtigkeit unserer Liebe,
über das Fliegende an ihr,
das Schwebende.

Und doch staune ich auch wieder nicht,
weil ich weiß,
dass wir alles eingesetzt haben,
unsere letzten Kräfte,
um nicht unterzugehen
in dem Angebot billiger Antworten,
in dem schmerzfreien Lebensstil
oder in der Möglichkeit,
voreinander zu fliehen
in das „Glück" mit jemand anderem.

Und doch staune ich,
dass nach all der Arbeit
jetzt diese Leichtigkeit wieder möglich ist.
Fast so wie am Anfang,
nur viel tiefer
und haltbarer.
Ja, haltbarer.

Staunen zu können
ist nicht so sehr
eine Sache des Kopfes
oder der Gefühle,
sondern eine Haltung
des Herzens.
Wunder
geschehen nicht
in Büchern mit Rekorden
und nicht in Schlagzeilen,
sondern im Unscheinbaren,
in der Verwandlung
des Alltäglichen.

Der eigene Weg

Ich staune über die Entschiedenheit,
mit der du deinen Weg verfolgst,
ohne dabei verbohrt und einseitig zu werden.
Du bist überzeugt davon,
dass du deinen Weg gehen sollst und darfst,
vielleicht sogar musst.
Das gibt dir die Stärke,
und das wiederum ermutigt auch mich,
meinen Weg zu gehen.

Ich staune,
dass sich durch diese Entscheidung
mein Weg klarer abzeichnet.

LEIDEN

und die tiefere Bedeutung suchen

Leiden
und die tiefere Bedeutung suchen

Oft wollen wir das Leid um jeden Preis loswerden und vergrößern es dadurch nur. Wir verdrängen es, und es beginnt uns von innen zu zerstören. So verpassen wir die Geschenke, die wir vom Leid empfangen könnten. Das Leid anzusehen, anstatt es zu verdrängen, bietet uns die Möglichkeit, das Oberflächliche hinter uns zu lassen. Leid ist zwar nicht tiefer als Glück, aber es kann uns manchmal zu Fragen zwingen, die wir sonst nicht stellen würden: Was ist der Sinn? Ist das, was ich erlebe, wirklich alles im Leben? Gibt es ein Leben nach dem Leben?

Leid bietet uns die Chance zu wachsen, weil wir die Illusionen verlieren, die uns abhalten, der Person zu begegnen, die wir sind. Es ist gut, das Leid zu artikulieren, ihm Namen und Gesicht zu geben. Es zu benennen ist manchmal der erste Schritt, es in meinen Dienst zu stellen. Es ist dann nicht nur ein dumpfes Gefühl, das mich beschwert, sondern es setzt sich zusammen aus Situationen, Menschen, Umständen, mit denen ich umgehen kann, zu denen ich Stellung nehmen kann. Das Leid verliert so seine namenlose, beängstigende Gewalt und wird zu einer Herausforderung.

Die geheimen Botschaften im Leid zu hören kann uns zum Wesentlichen führen. Im Leiden fällt das Künstliche von uns ab, wir werden echt vor uns selbst. Wir geraten an unsere Grenzen und können entscheiden, wie wir mit ihnen umgehen wollen.

Unsicherheit

Es gibt Momente tiefster Unsicherheit.
Das ganze Leben scheint dann gefährdet zu sein.
Alles ist so vorläufig, sehr zerbrechlich
und vergänglich. Daran leide ich.

Aber gerade das Leiden an diesem Zustand
öffnet mich für die Zartheit des Lebens.
Weil ich überhaupt spüre,
spüre ich auch die Zerbrechlichkeit.
Weil ich um den Tod weiß,
erfahre ich das Leben dichter.
Würde ich mich verschanzen
hinter Systemen und Sprüchen,
würde ich mich auch meinen feinen Regungen
und Reaktionen auf die Welt um mich verschließen.

Es ist der Preis der Empfindsamkeit
und des Lebendigseins.
Darum denke ich bewusst an den Tod.
Ich will mit meinem Geist, mit meiner Seele
und mit den Zellen meines Körpers wissen,
dass ich sterblich bin, damit ich weise werde.
Ich will mich nicht vom Leid lähmen lassen,
sondern es einsetzen auf meinem Weg in die Reife.

Schuldig

Ich leide an dem Hang des Menschen, zu zerstören.
Jede Woche stirbt eine weitere Tiergattung aus.
Wenn wir uns ausbreiten,
nehmen wir wenig Rücksicht
auf andere Lebensformen.
Wir roden die Wälder,
wir überfischen das Meer,
wir verseuchen die Atmosphäre,
wir experimentieren mit Tieren
und opfern sie,
um selbst besser leben zu können.

Wir haben uns die Erde unterworfen
und tun so, als ob wir nicht zu ihr gehören,
sondern alles beherrschen müssen.
Wir zerstören das Gleichgewicht,
von dem auch wir abhängig sind.

Ich merke, wie schwer es ist,
da mitbeteiligt zu sein.
Ich gehöre zu der Spezies „Mensch"
und bin mitschuldig.

Leidlos

Ich leide
und suche nach dem Schuldigen,
durch den dies Leid in mein Leben gekommen ist.
Dahinter verbirgt sich der Glaube,
dass es Leben ohne Leiden geben kann
und jedes Leid darum abzuschaffen ist.

Das ist der sentimentale Glaube,
der versucht, Licht ohne Schatten
und Freiheit ohne Grenzen zu schaffen
und zu wachsen, ohne zu sterben.
Es ist der Glaube an die heile Welt,
der so zerstörend ist,
weil er unfähig ist, Gegensätze zu verbinden
und sie als Einheit zu sehen.

Der Mensch, der leidlos leben will,
bürdet damit anderen doppeltes Leid auf.
Ich will das Leid reduzieren,
nicht verdoppeln.

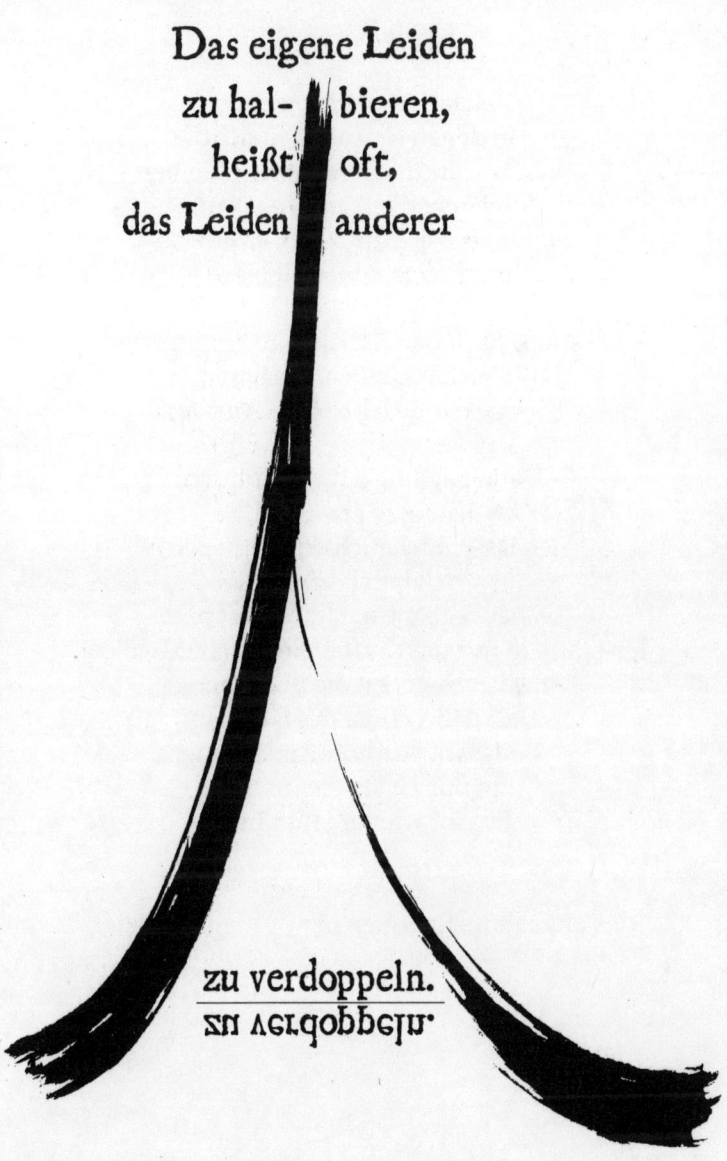

Das eigene Leiden
zu hal-   bieren,
heißt   oft,
das Leiden   anderer

zu verdoppeln.

Keine Auswege

Ich kenne die Momente,
in denen sich alles zuzieht
und mir keine Auswege mehr bleiben.
Ein Panzer legt sich um mich,
und in mir steht die Verzweiflung auf,
erschreckend und tötend.

Ich suche nach den üblichen Entgegnungen,
aber sie klingen alle hohl.
Diesmal finde ich keinen Ausweg.

Dann beginne ich zu kämpfen,
ich setze etwas ein,
ich lasse mich nicht kleinkriegen,
ich halte durch.
Dabei begegne ich mir selbst neu.
Ich spüre in mir die Kraft meines Lebenswillens
und gehe gegen die Bedrohung
und den Verlust des Sinns an.
Langsam wird die Zerstörung
in mir zurückgedrängt.
Es gibt wieder Hoffnung.

Es war das Leid,
das ungeahnte Energien in mir freigesetzt hat.

Faule Frage

Ich leide an meinem fehlenden Überblick
und an meinen begrenzten Kräften.
Es fällt mir schwer zu glauben,
dass nicht Zerstörung die Welt beherrscht.
Ich weiß nicht, wo ich anfangen soll,
wo mein Ansatzpunkt ist.
Und selbst wenn ich ihn finde,
scheint mir alles so hoffnungslos zu sein.
Was kann einer tun
gegen die Übermacht der Zerstörung in der Welt?

Das ist die faule Frage, in die ich mich rette.
Die Antwort steht schon fest: „Nichts!"
Und damit drücke ich mich
vor der engagierten Mitarbeit.
Es ist ein Trick,
mit dem ich mich selbst belüge.

Es geht nicht um die Veränderung der ganzen Welt,
sondern um meinen Einsatz hier und jetzt,
da, wo ich es begreife,
wo ich helfen kann,
wo meine Mittel gefragt sind.
Um nichts anderes geht es.

DAS SCHICKSAL,
AN DEM WIR
ZU LEIDEN MEINEN,
IST OFT NUR
UNSERE EIGENE
DUMMHEIT,
AN DER WIR FESTHALTEN.
ALS KÖNNE SIE
UNS ADELN,
WENN WIR
AN IHR LEIDEN.

In die Tiefe gehen

Ich leide oberflächlich,
um mir so das tiefere Leid zu ersparen.
Es ist ein Trick,
mit dem ich mich selbst immer wieder täusche.

Schon kleine Schmerzen bezeichne ich als Leid,
um so das größere Leid
nicht an mich herankommen zu lassen.

Dann tue ich mir leid,
ich klage mein Schicksal an
und vergleiche mich mit anderen,
denen es besser geht.

Damit mache ich das wirkliche Leid lächerlich,
doch das will ich nicht.
Ich will mich selbst herausfordern
und zum Wachstum ermuntern.

Ich will die Tiefen zulassen.
Ich will mich dem Leid in der Welt aussetzen
und es als mein Leid annehmen.
Ich will mich nicht von den Leidenden trennen,
sondern zu ihnen stehen.

Leiden rettet nicht

Ich kenne einen ungesunden Hang zum Leiden,
als würde das Leid selbst schon retten.
Irgendwann habe ich gelernt,
das Leid zu verherrlichen;
vielleicht, um an den bestehenden Missständen
nichts ändern zu müssen.
Zu dieser Auffassung gehört dann auch
der Gehorsam, bei dem es keine Auflehnung gibt,
und die Geduld, die das Ertragen möglich macht.
Und die „Liebe", die alles zudeckt
und nicht konfrontiert.

Aber das ist nicht der reife Umgang mit Leid,
den ich mir wünsche.
Es ist Verantwortungslosigkeit, Flucht
und eine Verdrehung all dessen,
was zum Leben führt.

Ich werde diesen Hang in mir ausmerzen
und das unvermeidbare Leid
von dem vermeidbaren Leid unterscheiden,
dann mit dem einen immer besser umgehen lernen
und das andere zu verhindern suchen.

Dunkle Tage

Ich leide an dem Dunklen,
das über dem Menschen zu liegen scheint.
Immer wieder neu überwältigt mich die Tragik
aller menschlichen Unternehmungen.
Als würde alles, was wir tun,
immer wieder in Versagen getaucht.
Wir bekämpfen uns gegenseitig,
wir foltern und erpressen uns.
Jede erlangte Freiheit wird bald wieder
zu einer neuen Tyrannei.
Wir ideologisieren fast jeden Gedanken
und machen daraus ein Gesetz,
das wir anderen aufbürden.
Selbst die Liebe pervertieren wir
und machen aus ihr einen Konsumartikel.
Wir versklaven, entmündigen, verteufeln
und verdammen im Namen einer höheren Idee.
Das sind dunkle Tage.

In jedem LEID
liegt eine Chance.
Sie wahrzunehmen
kann das LEID
verwandeln.
Sie zu verpassen
vertieft das LEID.

Wiederholung

Ich leide daran,
dass die Wiederholung alles aushöhlt.
Auch das Schönste wird alltäglich.
Ich aber will es festhalten,
und in mir schreit etwas,
wenn ich merke,
dass das nicht geht.

Ich versuche es trotzdem.
Ich halte es in Bildern fest,
in Aufzeichnungen und in Erinnerungen,
die als Reichtümer tief in mir liegen.
Aber alles ist der Abnutzung unterworfen.
Es gibt ein auslöschendes Verblassen.
Die Aufregung und das Feuer sind weg.

Nur das Schöpferische in uns,
unsere Erfindungskraft
rettet uns.
Sie müssen wir erhalten,
weil unser Leben an ihr hängt.

Verantwortlich

Ich leide unter den Fehlern meiner Vergangenheit.
Ich war kurzsichtig, respektlos, dumm.
Ich habe bevormundet
und es als Liebe verstanden.
Ich habe mich zu wichtig genommen
und bin dadurch blind für andere gewesen.
Ich war fürsorglich und habe dabei entmündigt.
Ich habe mich verschlossen,
um mich zu schützen,
und wurde dabei unerreichbar.

Ich leide, weil ich sehe,
dass meine Handlungen und Einstellungen
anderen Schmerzen bereitet haben.
Aber vielleicht konnte es für sie
auch nicht ohne Schmerzen abgehen.

Ob ich immer noch so viele Fehler mache,
sie aber erst in zehn oder zwanzig Jahren
als solche erkennen werde?

Ich bin nur verantwortlich für das,
was ich erkannt habe,
aber ich bin verantwortlich dafür,
dass ich mehr und mehr erkenne
und bewusster werde.
Darin sehe ich meine Chance.

Überforderung

Ich leide an Überforderung.
Manchmal komme ich mir wie ein Jugendlicher vor,
von dem man die Handlungsweisen
eines Erwachsenen erwartet.
Man erhofft sich Orientierung und Weisung von mir.
Dafür fühle ich mich nicht reif.

Das Leben verlangt mir etwas ab,
was ich nicht habe.
Die Schuhe, in denen ich gehen soll,
sind mir einige Nummern zu groß,
aber ich muss so tun,
als ob ich sie tragen könnte.

Doch habe ich mir das Leben so gewählt.
Vielleicht habe ich mich unbewusst
in diese Lage gebracht, um wachsen zu müssen.

Wenn ich nicht wüsste,
dass es anderen auch so geht
und dass wir gerade an den Aufgaben reifen,
die größer sind als wir,
dann würde ich verzweifeln
unter dieser Überforderung.

Geliebt werden

Ich leide daran,
dass ich nicht genug geliebt werde.

Ich will nicht nur gemocht werden.
Ich will nicht bewundert werden.
Ich will nicht verehrt werden.
Ich will nicht versorgt werden.
Ich will nicht bemitleidet werden.
Ich will nicht behütet werden.
Ich will nicht gelobt werden.
Ich will nicht verwöhnt werden.
Ich will nicht gebraucht werden.

Ich will geliebt werden.
Aber was heißt das?

Mein Bild von mir

Ich leide an mir selbst.
So wie ich mich an mir freue,
so enttäusche ich mich auch.
Ich habe ein Bild von mir und merke,
dass ich dem Bild nicht gerecht werden kann.

Ich sehe, wie ich sein könnte
und wie ich bin.
Ich genüge mir nicht,
und doch kann ich das Bild nicht loslassen.
Ich versuche weiter, der Gute, der Hilfsbereite,
der Aufmerksame und Liebende zu sein.
Wenn es mir nicht gelingt,
leide ich an meiner Unzulänglichkeit.

Ich bin zwei Menschen.
Ich stehe und ich falle.
Ich lache und ich weine.

Ich bin erfolgreich und versage.
Ich habe ein Ziel erreicht
und fange doch erst an.

Wenn Gott sich versteckt

Ich leide manchmal an Gott.
Ich erlebe ihn voller Widersprüche,
die ich nicht auflösen kann.
Er gibt sich nicht zu erkennen.
Er bleibt dunkel.
Ganze Menschenrassen zerstören sich gegenseitig
im Kampf um ihn.
Manchmal ist er unser tiefster Traum nach Erlösung,
und dann wieder haben wir Angst vor seiner Härte.

Wie kann er Liebe sein
und die Welt so lassen?
Wie kann er souverän handeln
und uns dabei nicht unsere Freiheit nehmen?
Wie kann er verletzbar
und zugleich allmächtig sein?

In meiner Sehnsucht nach festem Wissen
bleibt mir am Ende nur der unsichere Glaube.
Ich habe nur Bilder von ihm,
nur Vergleiche und Annäherungen.
An ihnen leide ich
und doch sind sie auch Ursprung meines Glücks.

Ich will dich hören

Ich leide unter dem Abstand,
der manchmal zwischen uns besteht.
Du bist weit weg, und ich finde nicht zu dir.
Ich gebe mir Mühe, dich zu verstehen,
aber es gelingt mir nicht.

Ich merke, dass ich deine Worte
mit meinen Begrenzungen höre.
Ich fülle deine Worte so,
wie ich sie meinen würde,
wenn ich sie sagte,
und achte dabei nicht auf das,
was du meinst.
Ich höre an dir vorbei,
und vielleicht hörst du manchmal etwas,
was ich gar nicht sage.

Ich will nicht aufgeben,
dich zu hören,
mich in die Worte hineinfinden,
die du sagst,
und über die Worte hinaus
das Herz hören,
aus dem sie gesagt wurden.

Kälte zwischen uns

Ich leide unter deiner Abwehr.
Du wirkst kalt und hart.
Wenn du dich gegen mich auflehnst,
kommst du mir so fremd vor.
Dann denke ich, dass du mich nicht meinen kannst.
Du wirst deinen Ärger nur an mir los,
weil ich dir am nächsten bin.

Aber vielleicht mache ich es mir zu einfach,
wenn ich meine, dass du dich nicht
so über mich ärgern müsstest.
Ich weiß, dass ich blinde Flecken habe,
Stellen, die ich nicht sehen kann.
Ich spüre deine Kälte, aber auch meine.
Ich sehe deine Fehler, aber auch meine.

Vielleicht wird deine Abwehr mir helfen,
mich selbst besser kennen zu lernen.
Ich leide unter meinen blinden Flecken.
Sie trennen uns.

Es ist eine alte, unfaire Regel: Für unsere Unbewusstheit müssen oft zunächst andere leiden.

Bewusster leben

Ich leide daran,
dass meine persönliche Veränderung
manchmal so langsam geht.
Wachstum ist mühsam.

Ich habe etwas begriffen.
Ich weiß, wie ich sein will,
wie ich reagieren will,
was ich tun will und was nicht mehr,
und dann kommen doch die alten Muster
immer wieder von neuem durch.
Dann spüre ich, wie gefangen ich bin
in meiner Vergangenheit, in den Gewohnheiten,
die mich seit Jahrzehnten geprägt haben.
Vieles läuft so schnell ab,
dass ich nicht die Möglichkeit habe,
einzugreifen und neu zu reagieren.

Ich will bewusster leben
und immer weniger automatisch tun.

Worte finden

Ich leide an der Spannung,
die uns trennt.
Wir bewegen uns vorsichtig und ängstlich
um einander herum.
Fast alles ist gefährlich,
weil es so leicht
falsch gedeutet werden kann.

Ich will Worte finden
und der Spannung eine Gestalt geben,
so dass wir sie ansprechen können.

Ich will keinen Druck ausüben
durch mein Stillsein.

Ich will dir dein Leben lassen

Ich leide an deiner Verschlossenheit.
Du ziehst dich zurück und bist unauffindbar.
Ich klopfe an, aber du machst nicht auf.
Ich rufe, aber du scheinst nicht zu hören.
Ich habe dich bisher ermuntert, ermahnt,
herausgefordert, aber dich damit nicht erreicht.

Ich bin nun dabei zu lernen,
dass ich dich nicht aus dieser Haltung
herausholen muss.
Ich lasse dich in deiner Abgeschlossenheit.
Ich werde dich weder bitten zu kommen
noch werde ich dir Vorwürfe machen.

Vielleicht lerne ich sogar,
mein Leiden an deiner Verschlossenheit loszuwerden,
um dir mehr Raum zu lassen,
damit du dich nicht mehr meinetwegen veränderst,
sondern weil du es so willst.

Ich lerne, dir dein Leben zu lassen
und auch selbst zu leben.

Gib mir Raum

Ich leide manchmal an deiner Einseitigkeit.
Du bist anders als ich, du siehst die Welt anders,
du handelst anders, du fühlst und erlebst anders,
und auch wenn ich es manchmal nicht verstehe,
so will ich deine Andersartigkeit respektieren,
weil ich weiß, dass du so geworden bist
durch die vielen Erfahrungen deines Lebens.

Kannst du mir das auch zugestehen,
oder willst du mich so haben, wie du bist?
Soll ich so reagieren wie du,
soll ich dasselbe gut finden
und glücklich sein, wenn du es bist?
Darf ich dir widersprechen,
und bist du bereit, meine Sicht der Welt zu hören?

Ich kann so tun, als ob ich wie du wäre,
dafür dürfte ich aber nicht zeigen,
wie ich wirklich bin. Es wäre eine Täuschung.
Oder willst du, dass ich immer kämpfe?

Beides bringt uns Leid.
Gib mir den Raum, der zu sein, der ich bin,
und ich will es mit dir ebenso tun.

Das Leid selbst
kann uns nicht
zu reiferen Menschen
machen,
wohl aber
unser Umgang
mit ihm.

Getrennte Welten

Ich leide an deiner inneren Abwesenheit,
die manchmal so fühlbar da ist.
Du bist weit weg in deinen Gedanken.
Bist du bei deiner Arbeit,
erlebst du die Vergangenheit noch einmal,
oder bewegen dich Ängste um die Zukunft?
Hast du Mühe mit mir?
Ich komme bei dir kaum noch vor.
Wir leben in getrennten Welten.

Aber auch wenn ich daran leide,
will ich dich ernst nehmen in deinem Bedürfnis
nach dieser Distanz.

Und trotzdem will ich dich bitten,
das Risiko einzugehen,
mich in deine innere Wirklichkeit einzuladen.
Ich würde gern an deiner Seite stehen
und diese stille Welt mit dir teilen.

Ich will nicht viel reden,
sondern einfach nur da sein.

Unser Schmerz zeigt uns wo und wofür wir lebendig sind.

Leid verbindet

Weil wir beide an der Zerbrochenheit der Welt
und an unserer eigenen Unvollkommenheit leiden,
haben wir etwas zu teilen.
In unserer Not sind wir Verbündete.
Wenn wir unser Leid zugeben,
wird es uns verbinden,
und darin liegt unsere Chance.
Vielleicht verbindet uns das Leid enger
als die Liebe,
weil in dem Leid weniger Illusion ist
und weniger Selbsttäuschung.

Könnte unser Leid das sein,
was uns zueinanderfinden lässt,
so dass wir reich an Nähe werden,
die wir sonst nicht kennen gelernt hätten?

Ich will mit dir das Leid umwandeln
in Reife und Wachstum.
Ich will das Leid weder verdrängen noch veredeln,
ich will es nicht totschweigen,
aber auch nicht zum Mittelpunkt machen.
Ich will lernen, mit ihm umzugehen,
weil es Teil des Lebens ist.

KÄMPFEN

für eine bessere Welt

Kämpfen
für eine bessere Welt

Kämpfen, nicht als zerstörerischer Akt, sondern als ganzer Einsatz für das Leben und für die Würde des Lebendigen. Mit Träumen und Hoffen allein ist es nicht getan. Aber zu kämpfen, ohne von einem Traum und von der Hoffnung für das Leben beseelt zu sein, kann zu Zerstörung führen. Wo das Kämpfen als aktives Träumen und Hoffen verstanden wird, geht es nicht so leicht in die Irre.
Wir gewöhnen uns manchmal zu leicht an die Zustände, wie sie sind. Wir sehen nur noch unsere eigene Hilflosigkeit und geben es auf, die Zustände verändern zu wollen. Da fehlt es an kämpferischem Geist, und Resignation kann sich leicht breit machen. Kämpfen zu müssen ist eine der Grunderfahrungen des Menschseins. Ich glaube, dass wir in einer Welt, in der es manchmal große Einsätze für sehr zweifelhafte Ziele gibt, neu begreifen müssen, dass das Lebensförderliche unsere starke Unterstützung braucht. Es gibt viel Todesenergie in unserer Kultur, und zu leicht kann darunter das Leben sterben, wenn wir nicht schöpferisch werden in unserem Kämpfen für dieses Leben.
Im Kämpfen bestimmen wir, wofür wir uns einsetzen. Wir entscheiden uns. Wir werden wesentlich.

Kostbares erhalten

Ich kämpfe
weil ich weiß,
dass es ohne Kämpfen nicht möglich sein wird,
die Kostbarkeiten in mir
und um mich zu bewahren.

Es ist so leicht,
das Wertvolle in der Hektik zu verlieren,
die Empfindsamkeit dem Erfolg zu opfern,
nicht mehr auf die Kleinigkeiten zu achten,
aus denen sich das Leben zusammensetzt.

Kämpfen heißt
bewusster leben,
wahrnehmen, aufnehmen,
entscheiden, etwas einsetzen,
um ein erfülltes Leben zu führen.

Zustände des Todes

Ich kämpfe gegen die Gleichgültigkeit,
mit der wir uns zu schnell zufrieden geben.
Ich kämpfe gegen die Gewöhnung an Zustände,
die uns entmenschlichen.
Ich kämpfe gegen das Wegsehen,
das Abschalten und Hartwerden.

Unsere Aushöhlung geschieht dann,
wenn wir immer neue Argumente finden,
warum es leider nicht anders sein kann
als es ist.
Wenn wir nicht aufbegehren
gegen die Zustände des Todes,
gegen das fehlende Recht für die Armen,
gegen die Tyrannei, mit der Ideologien regieren,
gegen die Politik, die den Planeten zerstört,
wenn wir die Hände in den Schoß legen
und uns hinter unserer Hilflosigkeit verstecken,
dann zieht der Tod auch durch uns.

Lebendig leben heißt,
mit Liebe um die Liebe kämpfen,
das Grau-in-Grau nicht annehmen
und mit Fantasie echt werden.

Ich lasse mich nicht festlegen

Ich kämpfe mich frei
von den Regeln meiner Kindheit und Jugend.
Was einmal für mich stimmte,
jetzt aber überholt ist,
lasse ich hinter mir.

Ich kämpfe mich frei von den Stimmen,
die mit ihrer verzerrten Wahrheit
noch ihre Macht über mich ausüben wollen.

Ich kämpfe mich frei von dem,
was ich selbst immer von mir glaubte,
und stelle fest,
dass ich nicht festgelegt bin
und mich nicht festlegen will.

Ich kämpfe mich frei
von den Werten und Maßstäben meiner Familie
und entdecke meine eigenen,
denen ich mit Überzeugung folgen kann.

Ich kämpfe mich frei,
ich selbst zu sein.

Angst vor Fehlern

Ich kämpfe auch gegen meine Angst,
Fehler zu machen beim Kämpfen.
Ich weiß, dass ich nicht
perfekt kämpfen werde,
und doch gehe ich das Risiko ein.
Schon lange habe ich begriffen,
dass es der größte Fehler ist,
aus Angst nichts mehr zu tun.

Ich erlaube mir meine Angst,
aber ich lasse mich von ihr
nicht handlungsunfähig machen.
Ich mache weiter,
ich stürme voran,
ich lasse mich nicht abhalten,
das Leben zu suchen und zu pflegen.

Gerade auch durch meine Fehler
werde ich wachsen und reifen.
In schwierigen Situationen werde ich merken,
welche Energien noch in mir schlummern.

Liebend kämpfen

Wenn ich kämpfe,
laufe ich immer Gefahr,
selbst in einer Weise zu handeln,
die ich für zerstörend halte.
Ich will nicht genauso gefühllos werden
wie die, deren Gefühllosigkeit ich kritisiere.

Ich will nicht die Ideen,
für die ich kämpfe,
höher als die Menschen stellen,
weil ich damit auf meine Weise
die gleiche Verachtung übe
wie die Ideologen,
die schon seit Jahrtausenden
Menschen opfern und das
mit ihren Ideen rechtfertigen.

Entschieden will ich mich einsetzen,
aber nicht über Leichen gehen.
Fest will ich sein,
aber nicht festgefahren.

Ich will liebend kämpfen.

Kämpfen,
so dass
niemand verliert
und
das Lebensförderliche
eine bessere Chance
hat.

win-win.

Hoffnung bewahren

Ich kämpfe gegen meine eigene Hoffnungslosigkeit.
Immer wieder beginne ich auch in mir
die Stimme zu hören,
die ich jeden Tag um mich höre.
Die Stimmen, die meinen, realistisch zu sein,
wenn sie nur die Zerstörung und den Tod
in der Welt feststellen.
Stimmen, die mit ihrer Analyse
jede wirkliche Veränderung ausschließen
und sich ein Wunder nicht mehr vorstellen können.

Ich kämpfe dagegen,
dass diese Haltung auch in mir Fuß fasst.
Nichts und niemandem helfe ich,
wenn ich die Hoffnung verliere,
weil ich damit aufhöre,
an die Veränderung zu glauben
und mich geschlagen gebe.
Solange ich hoffe und handle,
ist noch ungeheuer viel möglich.
Die Verwandlung der Welt
beginnt in meiner Einstellung.

Ich will weiter werden

Ich kämpfe um ein Gottesbild in mir,
mit dem ich leben kann
und das mir nicht das Leben nimmt
mit seinen Regeln und Gesetzen.
Ich will glauben
und mich selbst dabei nicht verleugnen.

Ich kämpfe mich frei
von dem alten, von Menschen gemachten Gott,
der nur ein Ausdruck unserer Begrenztheit ist.
Dieser Gott war wenig reifer als ich,
und in diese Enge will ich nicht wieder.
Ich will ihn und mich entgrenzen.

Ich kämpfe mich frei
von den Menschenstimmen,
die mir sagen wollen,
wie ich zu glauben habe
und mit erhobenem Zeigefinger
durch meine Wachträume geistern.
Ich kämpfe mich frei
von den festen Gottesbildern
und betrete die Grenzenlosigkeit
der immer neuen Verwandlungen Gottes.

Was steht in der Mitte?

Ich kämpfe,
um frei zu bleiben
von dem, was ich besitze,
damit ich nicht von ihm besessen werde.
Die Dinge sind für mich da
und nicht ich für sie.
Ich wehre mich dagegen,
immer mehr besitzen zu müssen.
Ich verweigere mich dem Konsumzwang.

Wenn ich merke,
dass ich ohne etwas nicht leben kann,
dann ist es Zeit, genau das abzulegen
und zu überlegen,
was in der Mitte meines Lebens steht.

Ich selbst
will die Entscheidungen
meines Lebens treffen
und nicht meiner Habgier ausgeliefert sein.
Auch das Loslassen gehört zum Reifen.

Kein Rad im Getriebe

Ich kämpfe gegen die Unehrlichkeit,
die wenig dramatisch einherkommt,
gegen die Lügen, die kaum wahrzunehmen sind,
weil sie so harmlos aussehen
und oft nur in der Unterlassung
und nicht im Handeln liegen.

Ich kämpfe gegen die Systeme,
die kleine Lügen von mir erwarten,
damit sie besser funktionieren.
Ich lasse mich nicht mehr einbauen
in den Apparat der Zerstörung.
Ich wehre mich gegen Gepflogenheiten,
die mit ihrer Unehrlichkeit das Leben verzerren
und die schleichende Entfremdung begünstigen.

Ich kämpfe, indem ich protestiere.
Ich kämpfe, indem ich mich verweigere.
Ich kämpfe, indem ich offen und direkt bin.
Ich kämpfe, indem ich mich selbst hinterfrage.
Ich kämpfe, indem ich die peinliche Stille aushalte.

Mein Beitrag

Ich kämpfe für die Unterdrückten
hier und in fernen Ländern,
die im Schatten der Gewaltigen leben
und deren Spielbälle sind.
Ich fange bei mir an,
indem ich mich nicht hilflos sehe
gegen die Tyrannen und die Konzerne der Welt,
gegen die sanfte oder harte Ausbeutung.

Wo ich einem einzigen Menschen vermittle,
dass er wertvoll ist, da arbeite ich mit
an der Reduzierung der Unterdrückung.
Wo ich auch nur für einen Menschen
eine Möglichkeit schaffe, einer inneren
oder äußeren Gefangenschaft zu entgehen,
da schaffe ich Wege aus der Ausweglosigkeit.

Ob sich meine Liebe
im Boykottieren von Produkten
oder in Straßendemonstrationen,
in politischen Aktionen
oder im Unterschreiben von Schriftstücken,
in stillen Gesprächen
oder Mut machenden Gesten ausdrücken soll,
wird mir die Liebe zeigen.
Ich werde meinen Beitrag finden,
wenn ich suche.

Es gibt ein Kämpfen ohne
Waffen,
bei dem wir nur unser Sein
einsetzen.
Unsere
Entschiedenheit
ist unsere Waffe.
Unser Wesen
ist unser Einsatz.

Die blaue Murmel im All

Ich kämpfe mit meinem ganzen Wesen
für die Erhaltung des Planeten.
Ich will mich körperlich, seelisch
und geistig einsetzen für die Rettung
dieser herrlichen Welt.
Dies ist meine Heimat, meine Wohnung,
die bergende Seele für meine Seele.
Ich stehe zu allem
in einer Bruder- und Schwesternschaft.
Das Wasser tauft mich in seiner Reinheit.
Aus den Wäldern nehme ich meinen Atem.
Von den Tieren lerne ich Weisheiten,
die ich längst vergessen habe.

Ich habe nicht das Recht, auszubeuten,
zu zerstören, zu verunreinigen.
Dabei kämpfe ich auch
gegen meine eigene Überheblichkeit,
gegen den Glauben, dass ich einen Sonderstatus habe
und mich herausnehmen kann
aus den Zusammenhängen.

Wenn ich für den Planeten kämpfe,
kämpfe ich für mich, auch wenn das manchmal heißt,
dass ich gegen mich selbst angehe.

Feind des Lebens

Ich kämpfe wieder einmal mit mir,
gegen meine Tendenz, Menschen aufzugeben.
Wenn eine Reihe Dinge geschehen,
mit denen ich nicht fertig werde,
dann neige ich dazu, jemanden abzuhaken.

Ohne großen Aufwand, ohne wichtige Worte,
ohne Tränen und ohne Mitgefühl
kann ich jemanden fallen lassen.
Ich wende mich ab und gehe.

Das ist eine innere Wirklichkeit,
gegen die ich ankämpfe, wenn ich sie bemerke.
In ihr bin ich der stille Feind aller,
auch mein eigener.

Ich will keine Tür endgültig schließen,
ich will nicht unbeteiligt weggehen
und nicht wiederkommen.

Wach sein

Ich kämpfe gegen das Vergessen,
gegen das Verscharren und Übertünchen,
gegen das „Ach, so schlimm war es doch nicht",
gegen das „Es ist lange her"
und gegen den Zeigefinger,
der nur auf andere zeigt.

Wenn wir die Zerstörungen
unserer Vergangenheit vergessen,
als wären sie nicht geschehen,
dann werden wir sie wiederholen,
bis wir gelernt haben,
dass wir fähig sind zu morden,
zu verraten und ohne Gefühl zu leben.

Nur dieses Wissen
wird uns davor bewahren,
zu Mördern, Verrätern
und Lebendigtoten zu werden.

Der
gute
Kampf
ist
letztlich
immer
der
Kampf
um
die
eigene
Wachheit.

Keine Gewöhnung

Ich kämpfe darum,
mich nicht daran zu gewöhnen,
dass Menschen verschwinden,
aus ihren Häusern, aus ihren Familien,
in Ländern, die Ordnung predigen
und vorgeben, Menschenrechte zu fördern.

Ich will mich nicht gewöhnen
an die Körper von Gefolterten
mit ihren Narben
und den Narben der Angst
in ihren Seelen.
Ich will mich auflehnen
gegen meine eigene Trägheit.

Ich protestiere gegen die graue Vereinheitlichung,
in der der Einzelne nicht mehr zählt
und keinen Wert hat.
Ich kämpfe gegen die Abstumpfung.
Ich will mich nicht an die Anzahl der Toten,
der Enteigneten und Vertriebenen gewöhnen.
Nicht, weil ich es jemandem vorhalten will,
sondern um zu verhindern,
dass es wieder geschieht.

Keine Verwöhnung

Ich kämpfe
gegen die Verwöhnung in unserer Kultur,
gegen die Schönheitsideale,
an denen Menschen zerbrechen,
gegen den guten Ton,
an dem wir krank werden,
gegen die Unechtheit unserer Beziehungen,
gegen die Ernsthaftigkeit, mit der wir uns
unwichtigen Nebensächlichkeiten widmen,
gegen die vielen Lügen vom großen Glück,
gegen unsere Angst vor Leid,
durch die wir mehr Leid schaffen,
gegen die Nachlässigkeit,
mit der wir unseren Planeten ausbeuten,
gegen die Unbewusstheit, mit der wir
auf Kosten von dreiviertel der Welt leben.

Ich will hellhörig und aufmerksam sein,
damit ich mich nicht selbst verliere
in den Werten fremder Menschen
und mich in meiner Verwöhnung dem verschließe,
was jenseits der Oberflächlichkeit liegt.

Im Wesen ehrlich

Ich kämpfe gegen den schneidenden Zynismus,
gegen die zersetzende Ironie,
gegen den schlauen Sarkasmus.
Blicke können Mordwaffen sein.
Worte sind auch Dolche,
Witze können bis auf den Grund beschämen.

Wo unsere Worte nicht mehr bedeuten,
was sie bedeuten,
wo wir uns verstellen
und zwei Gesichter tragen,
wo uns unsere Wirkung wichtiger ist
als unsere Echtheit,
da übertreten wir eine Grenze
und beginnen zu zerstören,
auch wenn es erst kaum zu merken ist.

Komm, wir wollen ehrlich sein
und das meinen, was wir sagen.
Wir wollen die Sprache
zur echten Verständigung gebrauchen
und nicht, um einander lächerlich zu machen.

Gemeinsam

Ich kämpfe zusammen mit dir,
nicht gegen dich.

Wenn wir unsere Energien zusammenlegen,
wenn ich dich ermutige,
den Weg des Außenseiters zu gehen
und du mir beistehst, wenn ich
die Erwartungen unserer Gesellschaft
nicht erfülle, wo sie Leben zerstören,
dann haben wir eine bessere Chance,
in einer Welt zu bestehen,
die uns zermahlen kann.

Ich träume von einer Verschwörung
der wahrhaft Lebendigen,
um die Flut des Todes in der Welt aufzuhalten.
Wenn wir uns nicht nur einzeln verkämpfen,
dann wird es uns leichter fallen,
uns selbst treu zu bleiben.

Wenn ich mit dir kämpfe,
dann tue ich es,
weil du mir
nicht gleichgültig bist.

Und
weil ich
es mir auch nicht bin.

Zu mir stehen

Ich kämpfe mit dir
um mein Überleben.
Ich will dir nicht hörig werden,
weil du mich dann nicht mehr
als Gegenüber hast.
Ich will nicht nur leuchten,
weil etwas von deinem Licht
auch auf mich fällt.
Ich trage selbst Licht in mir.

Ich will meine Gefühle ernst nehmen,
auch wenn du sie nicht teilst.
Ich will zu mir stehen
durch dick und dünn.
So stehe ich auch zu dir.

Ich will nicht, dass du untergehst

Ich will kämpfen mit mir
um dein Überleben.
Ich will dich nicht überrollen
mit der Wucht meiner Persönlichkeit.
Ich will nicht, dass du untergehst
in meinen Meinungen,
in meinen guten Vorschlägen,
in meinen Ansichten,
die so überzeugend sein können,
dass du vergisst, wie du etwas siehst
und was du willst.

Ich kämpfe mit mir,
mich zurückzuhalten,
manchmal auch mir selbst
das Reden zu verbieten.
Ich kämpfe gegen den Menschen in mir,
der nicht nur für sich selbst begreift,
sondern auch gleich für alle mitdenkt,
und sie darum überfährt, überfordert,
entmündigt und mundtot macht.

Meine stillen Fluchtversuche

Ich kämpfe mit meiner Leidensscheu.
Leid kommt in Form deiner Andersartigkeit,
deiner Ablehnung, deiner Kälte,
und da beginne ich mich zu verpanzern.

Ich tue so, als wenn ich es nicht merke.
Ich laufe davon oder reagiere mit Kälte
und lasse dich so an mir leiden,
wie ich an dir leide.
Oder ich spiele den Lustigen
und lasse das Leid nicht an mich herankommen.

Dabei weiß ich,
dass ich gerade am Leiden wachse
und durch nichts anderes
einen so tiefen Einblick
ins Leben gewonnen habe
wie durch das Schwere und seine Verarbeitung.

Darum kämpfe ich
gegen meine Fluchtversuche
und stelle mich dem Leid.
So nehme ich dich und das Leben ernst.

Sind wir zu verschieden?

Manchmal kämpfe ich
mit meiner Mutlosigkeit über unsere Beziehung.
Dann denke ich,
dass wir es nicht schaffen werden.
Wir sind zu verschieden,
wir reiben uns zu sehr,
vielleicht zerreiben wir uns.
Ich sehe deine große Sehnsucht
und kann sie nicht stillen.
Und meine Träume
mag ich dir erst gar nicht sagen.

So schleicht sich die Verzweiflung ein,
der Gedanke zu gehen,
innerlich oder äußerlich.
Nicht mehr alles einzusetzen,
damit wir einander wirklich begegnen,
auch unter Schmerzen.

Ich brauche mehr Fantasie
für die Gestaltung unserer Liebe.

Du gehörst mir nicht

Ich kämpfe gegen mich selbst,
um dich wirklich loszulassen
und dich auch nicht
mit den zartesten Fäden
an mich zu binden.

Du gehörst mir nicht,
wie ich auch dir nicht gehöre.
Ich verfüge nicht über dich.
Es ist nicht mein Recht,
über dich zu bestimmen.

Auch dein Glück für dich zu wählen
steht mir nicht zu.
Ich klopfe mir auf die Finger,
ich halte den Mund,
ich fädle nichts ein für dich,
ich mache nicht unwiderstehliche Vorschläge.
Ich lasse dich dein Leben leben,
aus Liebe zu dir.
So kannst du wachsen,
und so werde ich deine Einmaligkeit
am klarsten sehen.

Zwei Menschen miteinander

Ich kämpfe um ein neues Bild von Beziehung
und um ein tieferes Verständnis dafür,
wie zwei Menschen miteinander sein können,
ohne sich selbst zu verlieren
oder einander das Leben zu schmälern.

Ich will nicht in den alten Mustern leben,
nicht in ausgetretenen Schuhen laufen,
nicht das wiederholen,
was für mich unlebendig geworden ist.
Ich will nicht das tun,
was den Gepflogenheiten entspricht.
Ich will weder mein Glück zu schnell opfern
noch das Unglücklichsein um jeden Preis vermeiden.

Ich kämpfe, dass ich in deiner Freiheit
meine Freiheit begreife, auch wenn es schmerzt.
Und in meiner Freiheit konfrontiere ich dich
mit der lebensnotwendigen Herausforderung,
auch wenn du es manchmal nicht begreifst.
Ich wünsche mir,
dass wir ineinander verwurzelt sind
und doch mutig genug,
auch getrennt zu wachsen.

Mehr Zeit

Ich kämpfe um mehr Zeit
mit dir und für dich.
Ich will nicht untergehen
in meinen Pflichten, in meinem Beruf
und dem Kleinkram des täglichen Lebens.

Ich will mich immer wieder
an die Wichtigkeit unserer Beziehung erinnern
und sie nicht zurückstellen.
Ich will sie pflegen, weil sie kostbar ist.
Es ist wichtig, Zeit füreinander zu haben,
auch wenn wir dadurch weniger verdienen.
Ich will auf etwas verzichten,
um innerlich zu wachsen.

Ich kämpfe um freie Minuten,
um Stunden und Tage,
an denen unsere Beziehung gesunden kann.
Ich will mich immer wieder zurückziehen,
mich sammeln, um dann ganz bei dir zu sein.

Du sollst frei bleiben,
auch wenn es mir
Schmerzen macht.
Deine tiefste
Erfüllung
liegt nicht
in meiner Beglückung.

Du sollst frei bleiben

Ich kämpfe mit mir,
dass ich dich nicht als Selbstverständlichkeit
in mein Leben einbaue.

Zu leicht bestimme ich über dich
durch die Art, wie ich etwas plane.

Ich rechne mit dir,
ohne zu merken, dass ich mit dir rechne.

Ich breche in deine Freiräume ein
mit meiner Unordnung.

Ich schaffe Zustände,
aus denen du mich retten musst.

Auch das ist Gewöhnung, die zerstört.
Auch das ist Bevormundung.

Ich will mich dafür einsetzen,
dass du frei entscheiden kannst.

Ich will dich nicht unter Druck setzen,
meinen Erwartungen gerecht zu werden.

Bedingungslos lieben

Ich kämpfe darum,
es zu schaffen,
bedingungslos zu lieben.
Ich will meine Liebe nicht abhängig machen
von deiner richtigen Handlungsweise.
Ich will das entschiedene Lieben lernen,
daran hängt meine Reife.

Ich will auf Abweisung nicht abweisend reagieren.
Ich will auf Gleichgültigkeit
nicht mit Verpanzerung antworten.
Ich will nicht nur reagieren,
sondern erfinderisch sein und meinen Weg finden
durch die Wirrnisse und Verletzungen.
Ich weiß, dass es unzählige Formen
und Ausdrucksweisen des Lebens gibt
und nichts vorgezeichnet ist.

Ich kämpfe
mit der Trägheit meines Herzens,
mit der Bequemlichkeit meiner Sinne.
Aber ich werde den Kampf gewinnen
und bedingungslos lieben.

TRÄUMEN

um die tiefen Wünsche zu spüren

Träumen
um die tiefen Wünsche zu spüren

Es gibt viele Arten zu träumen. Es gibt das Träumen als Flucht vor dem Leben, und es gibt das Gegenteil: das Träumen als kreative und visionäre Lebensbewältigung. Träumen ist eine lebensnotwendige Tätigkeit. Der Träumende ist der Hoffende, der sich nicht zufrieden gibt mit den Zuständen, der sich sein Leben nicht diktieren lässt von den Gegebenheiten, sondern nach Wegen und Möglichkeiten sucht, die Zustände zu verändern, zu verbessern. Zu träumen heißt, von einer inneren Sicht her zu leben, die aus einem Glauben an das Leben entsteht. Zu träumen heißt, das Leben noch offen zu sehen, nicht schon vorbestimmt, verschlossen, vorhersagbar. Zu träumen heißt, innere Kräfte zu mobilisieren. In Träumen bleiben wir der erneuernden Kraft des Lebens nah.
Wer nicht mehr träumen kann, hat aufgegeben und ist dabei, sich an die Zustände zu gewöhnen und sich mit ihnen abzufinden, auch wenn sie lebenszerstörend sind. Wer nicht mehr träumen kann, hat sich und seine Zukunft aus der Hand gegeben und läuft nun Gefahr, sich von der Sicht anderer bestimmen zu lassen. Träumen heißt, das eigene Leben in der Hand zu behalten und es bunt zu gestalten. Es gehört zum Wesen des Menschen zu träumen. Wir definieren uns nicht nur durch das, was wir erreicht haben, somdern auch durch das, wovon wir träumen.

Am Anfang war der Traum

Ich träume,
weil darin eine Lebenskraft liegt.
Ich träume nicht als Phantast,
der der wirklichen Welt entfliehen will,
nicht als einer, der das alltägliche Leben
nicht aushält und sich davonstiehlt,
sondern als einer, der daran glaubt,
dass jede wichtige Veränderung
mit einem Traum begonnen hat,
mit einer Vorstellung,
mit einem inneren Bild,
für das es sich zu leben lohnte.

Schätze

Ich träume,
weil ich glaube,
dass in mir Schätze liegen,
an die ich gelangen möchte,
um sie zu heben.

Ich trage in mir
ein Stück der Lösung
der vielen Probleme der Welt.
Ich bin ein Teil des Puzzles.
Vielleicht bin ich das Wort,
das Bild, das Lächeln,
der Gedanke,
auf den jemand wartet,
durch den eine Sache
ins Leben tritt.

Ich werde gebraucht
mit meinem Traum,
den sonst niemand träumen kann.

Keine Entwürdigung mehr

Ich träume von dem Ende
der entwürdigenden Bevormundung,
an der Menschen zugrunde gehen,
weil sie von sich selbst abgeschnitten werden.
Ich weiß, dass letztlich kein Leben
mit dem anderen zu vergleichen ist,
weil eines jeden Menschen Leben
einmalig und zu respektieren ist.

Ich wünsche,
dass ich dies im Kern meines Wesens begreife
und es nicht nur als eine Regel verstehe,
nach der man zu leben hat.

Ich träume,
dass diese Wertschätzung
die Welt immer mehr umflutet
und wir alle
das Wunder des Menschseins
wie eine heilige Erkenntnis
in uns aufnehmen.

Träumen
ist erlernbar.
Man darf die
Wirklichkeit
nicht zu ernst
nehmen.

Menschen, die wagen

Ich träume davon,
dass es immer mehr Menschen gibt,
die es wagen, sich einander
über ihre Verletzbarkeit zu nähern.
Dass sie in dieser vermeintlichen Schwäche
die Stärke sehen,
welche Gemeinschaft möglich macht.

Ich träume,
dass wir uns einmal nicht mehr
hinter Mauern der Sicherheit flüchten,
aus Angst vor wirklicher Begegnung.
Dass wir wagen,
das Sanfte wieder zu entdecken
und ihm mehr Raum in unserem Leben geben.

Vielleicht wird es einmal eine Zeit geben,
in der wir begreifen,
dass uns nichts so trennt
wie die gespielte Stärke,
die vorgegebene Lässigkeit
und das Coolsein,
in dem wir sterben.

Unmögliches denken

Wenn ich nur nach der Logik in mir gehe,
dann stirbt mein Traum schnell.
Dann entscheidet nur der Verstand,
der damit arbeitet, was er schon weiß,
was er erlebt hat, was logisch ist
und im Rahmen des Möglichen liegt.

Zu träumen heißt aber,
die bekannten Rahmen zu sprengen,
das Unmögliche zu denken
und sich für seine Verwirklichung einzusetzen.
Zu träumen heißt,
Wege durch unwegsames Gelände zu bahnen,
Straßen zu bauen
für den Verkehr mit Lebensgütern:
mit Hoffnung, Liebe und Glauben.

Gespeist von einer inneren Energie

Ich träume,
dass wir alle wieder Träumer werden
und das nicht mehr belächeln,
was wir früher für verrückt hielten,
weil es jetzt
unter unseren Händen
zu der Wirklichkeit unseres Lebens wird.

Ich träume
von deiner und meiner Fähigkeit,
so zu träumen,
dass durch die Kraft unserer Träume
die Welt verwandelt wird,
unbeweisbar, unerklärlich,
aber doch spürbar, fest und bleibend.

Ich träume, dass wir,
gespeist von einer inneren Energie
und angeschlossen an Gottes Träume für die Welt,
größer denken, als man es uns gelehrt hat,
und das Wunder immer für möglich halten,
weil es nur dadurch geschehen wird.

Wenn wir träumen erweitern wir die fassbare Wirklichkeit.

Gleiche Würde

Ich träume davon,
dass wir nicht mehr eine erste, zweite,
dritte und vierte Welt haben,
sondern nur noch eine Welt.
Dass wir verstehen und fühlen,
dass dieses kleine Raumschiff Erde
unser aller Heimat ist,
die es liebend zu erhalten
und zu pflegen gilt.

Ich träume davon,
dass eine Nation nicht mehr
auf Kosten einer anderen lebt.
Ich träume,
dass wir ein neues Teilen lernen,
nicht durch ein auferlegtes politisches System,
sondern weil wir im Herzen begriffen haben,
dass wir alle gleiches Recht
und gleiche Würde haben.

Berührt werden

Ich träume von einer Zeit,
in der wir keine Drogen mehr brauchen,
um „high" zu sein.
Dass wir uns am Leben selbst so freuen können,
dass wir keine künstlichen Hilfsmittel mehr wünschen,
weil wir die Kleinigkeiten wieder neu entdecken
und sie sich auftun wie Schätze und Geheimnisse,
die wir vernachlässigt haben.

Ich träume von Einfachheit
inmitten der Komplexität.
Ich will nicht verloren gehen in Gedanken
und das Leben verpassen,
weil ich mich in Systeme eingeschlossen habe.
Ich will dem Leben erlauben,
mich direkt und unmittelbar zu berühren.

Ich träume von einer größeren Dichte
und ansteckenderen Lebendigkeit,
von Fantasie und Intensität
in der Gestaltung des Alltäglichen.

Ein Leben entwerfen

Ich träume meine eigene Zukunft.
Ich lasse meinen Gedanken nicht einfach freien Lauf,
sondern, wie ein Bildhauer,
bilde ich Form um Form
und befreie den Menschen, der ich sein kann,
aus dem Stück Fels.
Ich stelle mir vor, wie ich sein will.

Ich hämmere, stemme und schleife
die einzelnen Inhalte meines Lebens
aus dem großen, unförmigen Stein Zukunft.
Ich entwerfe mich mit Schatten und Licht,
mit Schwächen und Stärken,
mit Wegen, Hindernissen und Zielen,
in Erfolg und Verlust.
Ich erfinde mein zukünftiges Leben.

Und dann, in einer verwegenen Bewegung,
hole ich die Zukunft in die Gegenwart.
Zielstrebig lebe ich auf das zu,
was ich geträumt habe.
Ich mache meine Träume wahr,
weil ich am Ende meines Lebens nicht sagen will:
„Hätte ich doch ..."

Weitergehen

Ich träume von einer Zeit,
in der wir als ganze Kultur verstehen,
dass der Tod ein Teil des Lebens ist,
und kein Kult der Angst
mehr um den Tod gemacht wird.

Ich träume, dass wir das Sterben
schon mitten im Leben lernen
wie eine Kunst.
Und dass die Gräber
nicht mehr Orte des Trauerns sind.
Ich wünsche mir eine reife Sterbebegleitung,
Worte von Menschen, die das Sterben
weder beschönigen noch verdrängen.

Ich träume,
dass ich so zu Hause bin in meinem Leben,
in meinem Körper,
in meiner Seele und in meinem Geist,
dass ich merke, wenn es Zeit ist,
loszulassen und weiterzugehen.

Füße und Hände Gottes

Ich träume von einem Qualitätssprung
der Menschheit, von einem Abstreifen
des Alten und Ausgedienten,
damit wir lernen, uns zu öffnen
für die ungeahnten Möglichkeiten der Zukunft.

Ich träume davon,
dass wir die Muster unserer Vorfahren,
die uns jetzt zerstören, ablegen,
dass wir Konflikte nicht mehr mit Kriegen lösen,
dass wir uns als solidarisch
mit allem Lebendigen verstehen,
damit unter unseren Händen nicht weitere
Pflanzen- und Tiergattungen aussterben,
dass wir unsere Gier nach Haben umwandeln
in Sehnsucht nach einem tieferen Sein.
Ich träume davon, dass wir zu den Augen,
Füßen und Händen Gottes werden
und aus einem veränderten Herzen
eine neue Welt schaffen.

Schon sind die ersten neuen Menschen unter uns,
bald werden es viele sein.

Träumen
heißt
schöpferisch
werden.

In die
Schuhe Gottes
treten.

Mit dem Herzen sehen

Ich wünsche mir,
so durchsetzt von meinen Träumen zu sein,
dass Hoffnungslosigkeit und Zynismus
keine Chance mehr haben, mein Leben zu bestimmen.
Ich will in der Tiefe meines Wesens
überzeugt von der Kraft des Lebens sein
und gerade so fähiger werden,
das Schwere und die Not um mich
anzuerkennen und ernst zu nehmen.

Ich träume davon,
dass heilendes Leben von mir ausgeht,
dass ich Entspannung verbreite,
dass meine Träume ansteckend wirken
und sich eine Verschwörung Liebender bildet,
die nicht bereit sind, die Welt untergehen zu lassen.

Ich träume von einer Zeit,
in der sich niemand mehr verstecken muss
wegen seiner Hautfarbe, seines Glaubens
oder wegen seiner Volkszugehörigkeit,
weil wir diese oberflächlichen
und vordergründigen Unterteilungen überwunden haben
und gelernt haben, tiefer zu sehen.
Ich träume,
dass wir stärker denn je
mit dem Herzen sehen lernen
und so unsere Blindheit füreinander überwinden.

Harmonie

Ich träume von der Integration
von Körper, Seele und Geist in unserer Kultur
und will lernen, bei mir zu beginnen.
Zu lange ist das eine oder andere
schlecht gemacht worden.
Wir haben nur gedacht und nicht mehr gefühlt,
wir haben nur gefühlt und nicht mehr überlegt.
Wir haben unseren Körper vergessen
und ihn erst wieder bemerkt, als er krank wurde.
Wir haben unsere Seele überfordert
und wussten nicht mehr, was wir wirklich wollten.
Wir sind einseitig geworden
und haben dabei unsere innere Harmonie verloren.

Ich träume davon,
dass es nicht mehr nötig ist,
eine Seite von uns
gegen eine andere auszuspielen,
das eine auf Kosten des anderen zu leben.
Ein jeder von uns ist Körper, Seele und Geist,
und nur wenn wir alle drei in Einklang bringen,
können wir gesunden und fähiger sein,
uns den dringlichen Problemen der Welt zuzuwenden.

Licht sein

Ich träume von Inseln der Menschlichkeit
in dem Meer der Härte und Gleichgültigkeit.
Ich träume von Menschen, die etwas einsetzen,
um anderen ein würdiges Leben zu ermöglichen.
Ich träume von angstfreien Räumen
und Mut machenden Gedanken.
Ich träume von Häusern, Wohnungen und Zimmern,
in denen mit Zeit und Liebe
Menschen gefördert werden,
die sonst in unserer Welt wenig zählen.

Es genügt nicht,
über die Dunkelheit zu klagen.
Es ist nötig, ein Licht zu sein.
Es genügt nicht,
auf die anderen zu warten;
jeder von uns ist aufgerufen,
den ersten Schritt zu wagen,
echter und menschlicher zu werden.
Es ist nicht genug, nur zu träumen,
wenn das Leben uns die Möglichkeit bietet,
unsere Träume zu verwirklichen.

Zusammen

Ich träume von einer Art Solidarität,
bei der wir einander frei lassen
und doch füreinander einstehen.

Es ist schwer, ganz allein
den eigenen Weg zu gehen,
gegen Energien und Stimmen,
die das Gegenteil betonen.
Es ist schwer, ein Außenseiter zu sein
und nicht an sich selbst zu zweifeln
noch durchzuhalten gegen die Übermacht
einer anderen Meinung.

Wir brauchen einander,
nicht um uns hintereinander zu verstecken,
nicht um uns vor dem Schweren zu drücken,
sondern um die eigene Energie zu entdecken
und ihr zu trauen.

Ich wünsche, dich zu verstehen

Ich träume von einem Verständnis
zwischen uns beiden,
das tiefer reicht
als das übliche Begreifen
und kopflastige Verstehen.

Ich wünsche mir,
dich so zu verstehen,
wie du dich selbst verstehst,
in deine Haut zu schlüpfen.
Eine Stunde, einen Tag lang
du zu sein,
um dich nicht immer wieder
mit meinem Maß zu messen
und nach meinen Werten einzuordnen.

Ich träume davon,
dein Wesen
mit meinem ganzen Wesen
zu verstehen.
Und mich selbst
dabei nicht aufzugeben.

Die Tiefe des gemeinsamen Weges

Ich träume
von dem Wachstum unserer Liebe.
Ich glaube nicht, dass mit der Zeit
die Liebe schwächer werden muss,
weil wir uns aneinander gewöhnt haben.
Ich glaube, dass wir uns auch nach Jahren noch
in der Tiefe unseres Wesens berühren können,
dass wir uns gegenseitig noch aufwühlen können
mit dem Zauber des Unbekannten,
dem wir im anderen begegnen.

Ich träume nicht von einer Rückkehr
in die verklärte Zeit unserer ersten Liebe,
wohl aber von einer Vertiefung
und neuen Erfüllung unserer Liebe.
Ich will die noch größere Breite des Liebens
mit dir erleben.
Ich will noch staunen können
über die Tiefe des gemeinsamen Weges
und über die Fülle der Erlebnisse.
Willst du mit mir den Traum verwirklichen?

Kein Krieg zwischen dir und mir

Ich träume davon,
dass wir beide so frei sind,
dass wir einander weder bekriegen wollen
noch es nötig haben,
um uns selbst unseren Wert zu geben.

Dass du deinen Weg gehst
und ich meinen,
dass wir nicht aneinander zerren,
einander nicht zu manipulieren versuchen,
sondern dass sich unsere Wege immer wieder kreuzen
und wir ein Stück gemeinsam gehen,
austauschen von Herz zu Herz,
von Kopf zu Kopf,
von Körper zu Körper,
aber ohne den Zwang und Druck,
gleicher Meinung zu sein,
gleich zu erleben
und alles miteinander zu teilen.

Ich will deine Entfaltung nicht behindern,
und ebenso hoffe ich,
dass du an meiner Entfaltung Freude hast,
auch wenn es manchmal schmerzen mag.

Weil ich gern an dich denke

Ich träume von dir,
nicht wie ich dich haben möchte,
nicht von dem Ideal, das du sein könntest,
nicht von der Perfektion im Körper,
im Geist und in der Seele,
sondern wie du bist.
Ich träume von dir,
mit deinen Eigenarten,
deinen Fehlern, deinen Unvollkommenheiten,
mit deiner manchmal
Angst machenden Andersartigkeit.

Ich träume von dir,
nicht um dich zu verändern,
nicht um im Vergleich besser dazustehen,
nicht um dir etwas zu sagen,
sondern weil ich gern von dir träume.
Nicht weil ich dich brauche,
sondern weil ich gerne an dich denke.

Unsere Unterschiedlichkeit

Ich träume davon,
dass wir es schaffen,
unsere Unterschiedlichkeit
wie ein kostbares Geschenk zu sehen
und nicht wie eine Gefährdung,
gegen die wir uns wehren
und verteidigen müssen.

Wir haben beide daran gelitten,
dass wir manchmal füreinander
nur noch Herausforderung waren.
Wir haben versucht,
dem Schmerz aus dem Weg zu gehen
oder ihn zu verschweigen.
Jetzt träume ich davon,
dass wir es aushalten,
weil wir an nichts so gereift sind
wie an der Fremdheit des anderen,
auf die wir uns immer wieder eingelassen haben.

Ich träume,
dass wir es schaffen,
dass wir jetzt ernten,
was wir manchmal mit Tränen gesät haben.

Ich träume von uns

Ich träume von einer uns ganz eigenen Tiefe
zwischen uns,
ich träume von einer Weite,und Offenheit,
die wir uns im Tiefsten wünschen.

Ich träume
von einer größeren Leichtigkeit
in unserer Beziehung,
von der Fähigkeit, entspannter zu lachen,
uns nicht so verbissen durchzusetzen,
eher loszulassen, uns mehr zu freuen,
nicht so nachtragend zu sein
und nicht so hilflos,
wenn der eine für den anderen
mal nicht da ist.

Ich träume nicht vom Rausch der ersten Liebe,
nicht vom Sterben füreinander,
sondern vom noch schwereren Leben
auf dem Grat zwischen
Aufopferung und Herausforderung.

Ich träume
von reifen Formen des Liebens,
die sich nicht mehr in Worte fassen lassen,
ich träume von Mustern,
aus reifer Sehnsucht geboren.

Ernte

Ich träume
von einer mystischen Verbindung mit dir,
von der Gegenwart Gottes
im Zentrum unserer Liebe,
damit unsere Fantasie für die Verwandlung der Welt
grenzenloser wird
und wir neue Wege
aus der Hoffnungslosigkeit finden.

Ich träume davon,
dass unsere Liebe dazu beiträgt,
dass die Welt erhalten bleibt
und das kostbare Leben weitergeht,
dass an der Ausstrahlung unserer Liebe
Menschen gesunden
und das Wesen der Liebe sichtbarer wird.

Ich träume davon,
dass wir die Liebe schälen wie eine Frucht,
an ihren Kern gelangen und diesen einpflanzen.
Dann wird Liebe aufgehen
für die Ernte einer verwandelten Zukunft.

Wenn
unser Träumen
zu Ende geht,
geht unser Leben
zu Ende –
auch wenn wir nicht sterben.

Inhalt

Wesentlich werden	5
Werden, was wir sind	7

STAUNEN 9

Muster	12
Diese unzerstörbare Energie	13
Verlust	14
Schreien, beten, schweigen	16
Bin ich noch der, der ich war?	17
Erfülltes Tun	18
Die Welt wird weiter	20
Etwas wagen	21
Immer wieder der rote Faden	22
Ich staune über deine Hoffnung	24
Das Glück des Liebespaares	26
Deine einmalige Sicht	27
Im Staunen entstehe ich	28
Zarte Töne lockst du hervor	30
In mir ruhen	31
Mehr als vergeben	32
Nichts besonderes, und doch...	34
Bleib dir treu	35
Ich will mir das Staunen erhalten	36
Verletzbar und doch stark	37
Du meinst mich	39
Unsere Leichtigkeit	40
Der eigene Weg	42

LEIDEN 43

Unsicherheit	46
Schuldig	47
Leidlos	48
Kein Auswege	50
Faule Frage	51
In die Tiefe gehen	53
Leiden rettet nicht	54
Dunkle Tage	55
Wiederholung	57
Verantwortlich	58
Überforderung	59
Geliebt werden	61
Mein Bild von mir	62
Wenn Gott sich versteckt	63
Ich will dich hören	64
Kälte zwischen uns	65
Bewusster leben	67
Worte finden	68
Ich will dir dein Leben lassen	69
Gib mir Raum	70
Getrennte Welten	72
Leid verbindet	74

KÄMPFEN 75

Kostbares erhalten	78
Zustände des Todes	79
Ich lasse mich nicht festlegen	80
Angst vor Fehlern	81
Liebend kämpfen	82
Hoffnung bewahren	84
Ich will weiter werden	85
Was steht in der Mitte?	86
Kein Rad im Getriebe	87
Mein Beitrag	88
Die blaue Murmel im All	90
Feind des Lebens	91
Wach sein	92
Keine Gewöhnung	94
Keine Verwohnung	95
Im Wesen ehrlich	96
Gemeinsam	97
Zu mir stehen	99
Ich will nicht, dass du untergehst	100
Meine stillen Fluchtversuche	101
Sind wir zu verschieden?	102
Du gehörst mir nicht	103
Zwei Menschen miteinander	104
Mehr Zeit	105
Du sollst frei bleiben	107
Bedingungslos lieben	108

TRÄUMEN 109

Am Anfang war der Traum	112
Schätze	113
Kein Entwürdigung mehr	114
Menschen, die wagen	116
Unmögliches denken	117
Gespeist von einer inneren Energie	118
Gleiche Würde	120
Berührt werden	121
Ein Leben entwerfen	122
Weitergehen	123
Füße und Hände Gottes	124
Mit dem Herzen sehen	126
Harmonie	127
Licht sein	128
Zusammen	129
Ich wünsche, dich zu verstehen	130
Die Tiefe des gemeinsamen Weges	131
Kein Krieg zwischen dir und mir	132
Weil ich gern an dich denke	133
Unsere Unterschiedlichkeit	134
Ich träume von uns	135
Ernte	136

Inspirationen

Ulrich Schaffer
Wenn die Stille spricht
Im Tagebuch sich selbst begegnen
Band 5038

Im Innehalten und Nachdenken wird das Leben voller, reicher, intensiver. Inspirierende Anregungen zum Tagebuchschreiben.

Ulrich Schaffer
Die innere Stimme
Ein Weg zu sich selbst
Band 5032

Die Welt in uns will gehört und gesehen werden. Zu sich selber finden heißt: auf diese Stimmen achten und sie besser verstehen.

Pierre Stutz
Ein Stück Himmel im Alltag
Sieben Schritte zu mehr Lebendigkeit
Band 5036

Mit konkreten spirituellen Übungen zeigt der bekannte Autor, wie wir die Quellen der eigenen Lebendigkeit wieder entdecken können.

Niklaus Brantschen
Erfüllter Augenblick
Wege zur Mitte des Herzens
Band 5030

Lärm, Unruhe, Hektik, Stress, Zerstreutheit – damit unser Leben nicht davon überwältigt wird, können wir Oasen der Stille suchen und ein neues Gefühl für das Leben finden.

Marco Aldinger
BewußtseinserHeiterung
Weisheitsgeschichten
Band 5020

Befreit lachen, gelassen über den Dingen stehen – das kann nur, wer sich nicht selbst als Maß aller Dinge nimmt. „Ein brillantes, geistreiches Feuerwerk, das zu lesen ein Vergnügen ist." (ESOTERA)

HERDER spektrum

Rainer Maria Rilke
Über die Liebe und andere Schwierigkeiten
Herausgegeben von Stefanie Schröder
Band 5019

Rainer Maria Rilke – ein Erfahrener in Liebesdingen und in Liebesleiden. Gedichte und Texte des großen Poeten.

Gelassenwerden
Herausgegeben von Rudolf Walter
Band 5016

Die innere Gelassenheit wächst, wenn man ihr Raum gibt, wenn es gelingt, loszulassen, Vertrauen zu gewinnen, das Ganze zu sehen.

Thomas Merton
Ein Tor zum Himmel ist überall
Zeiten der Stille
Mit einem Vorwort des Dalai Lama
Band 5007

Thomas Merton, Denker, Mystiker und Poet, lädt ein, die eigene innere Einheit zu finden. „Merton ist wirklich jemand zu dem wir aufblicken können" (Dalai Lama).

Laß dir Zeit
Entdeckungen durch Langsamkeit und Ruhe
Hrsg. von Rudolf Walter
Band 5006

Die Autoren laden ein, sich wieder Zeit zu nehmen für das Leben: für Liebe und Zärtlichkeit, für Trauer ebenso wie für Freude und Genuss.

Gerd B. Achenbach
Das kleine Buch der inneren Ruhe
Band 4972

Eine Auswahl inspirierender, tiefgründiger Texte aus der reichen Tradition philosophischer Lebenspraxis zeigt, dass es möglich ist, innezuhalten und sein inneres Gleichgewicht zu bewahren.

HERDER spektrum